1918

001

002

003

004

005

006

007

008

009

010

011

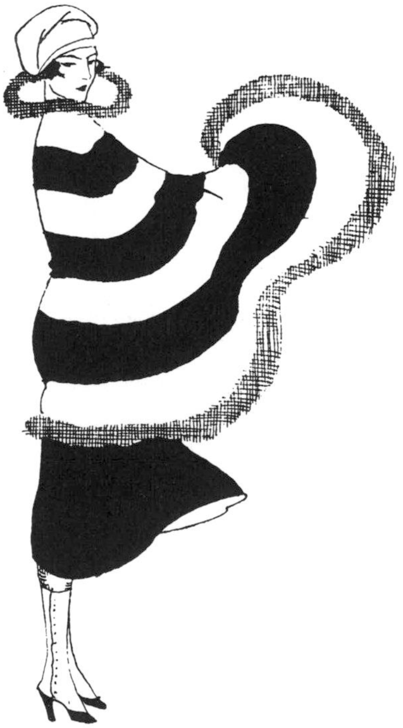

012

013

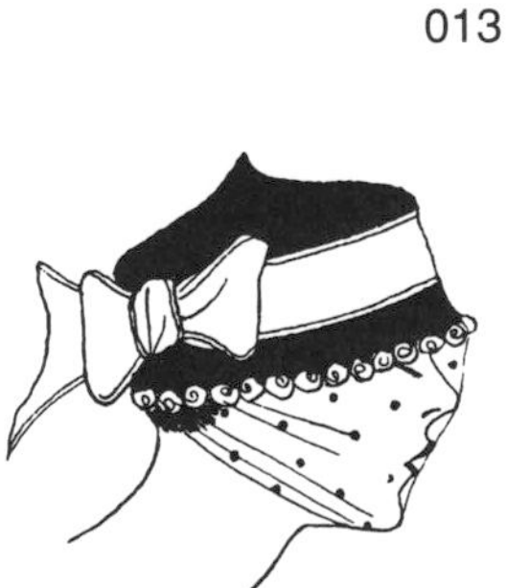

014

015

016

017

018

019

020

021

022

023

024

025

026

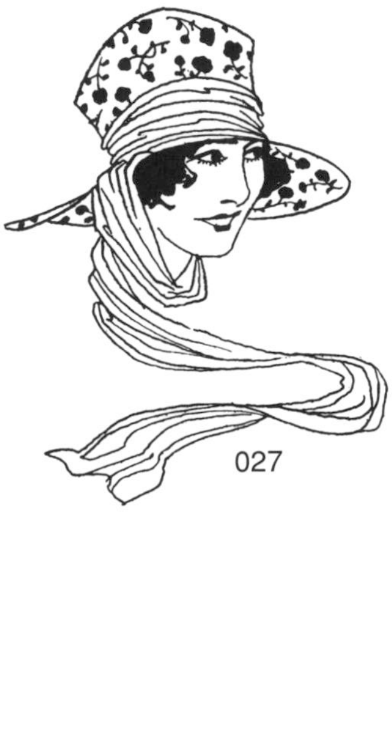

027

028

1919

029

030

031

032

033

034

035

036

037

038

039

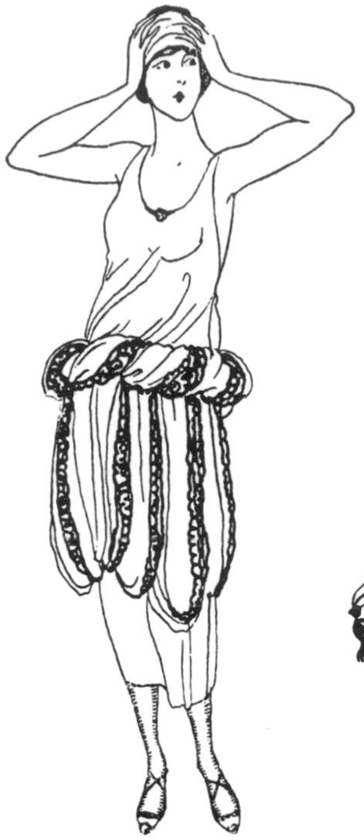
040

041

042

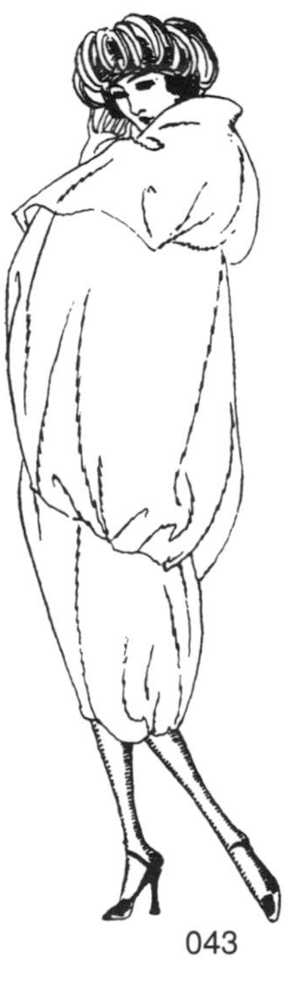
043

044

045

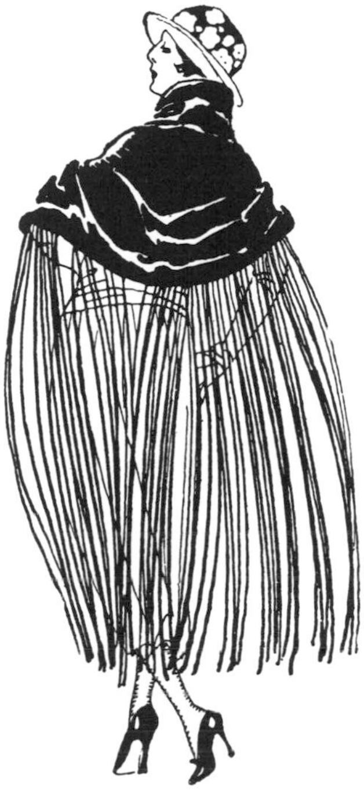

046

047

048

049

050

051

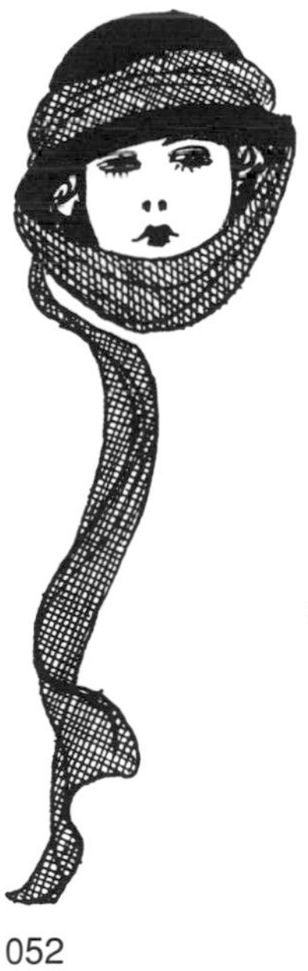

052

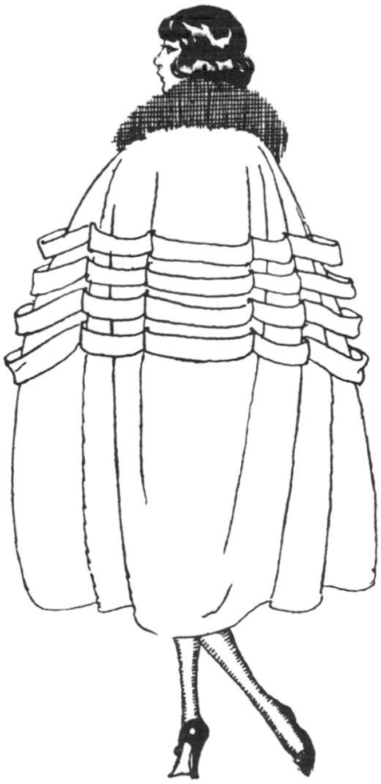

053

054

055

056

057

058

059

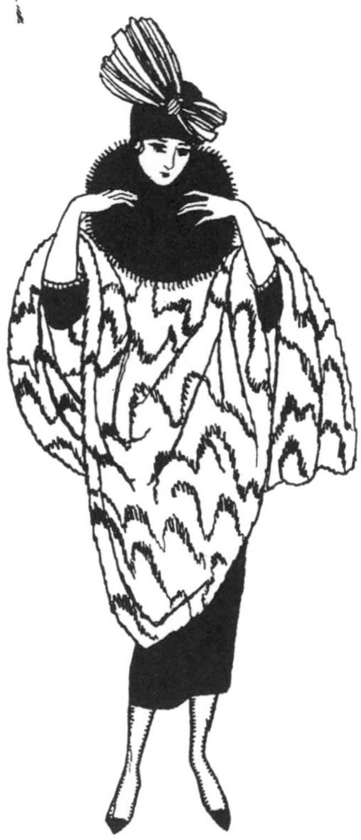

060

061

1920

062

063

064

065

066

067

068

069

070

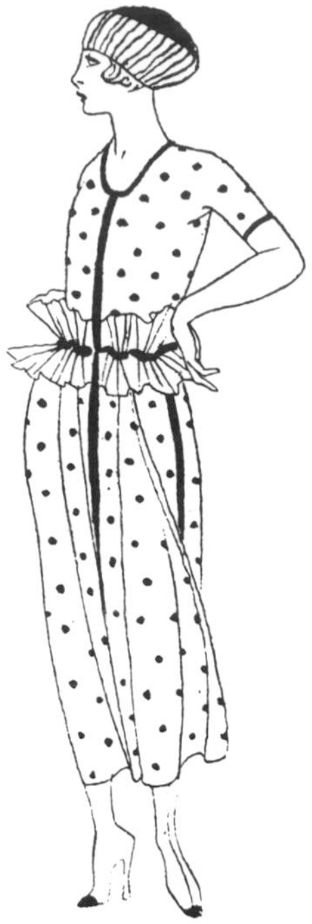

071

072

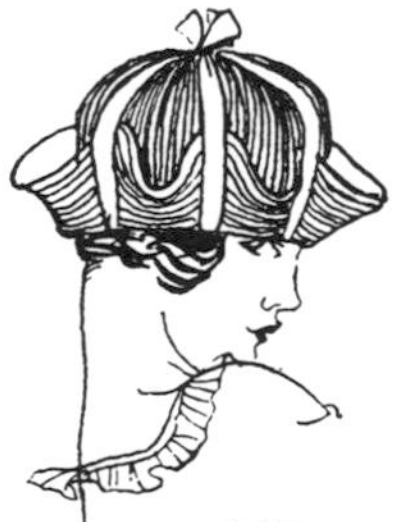

073

074

075

076

077

078

079

080

081

082

083

084

085

086

087

088

089

090

091

092

093

094

095

1921

096

097

098

100

099

101

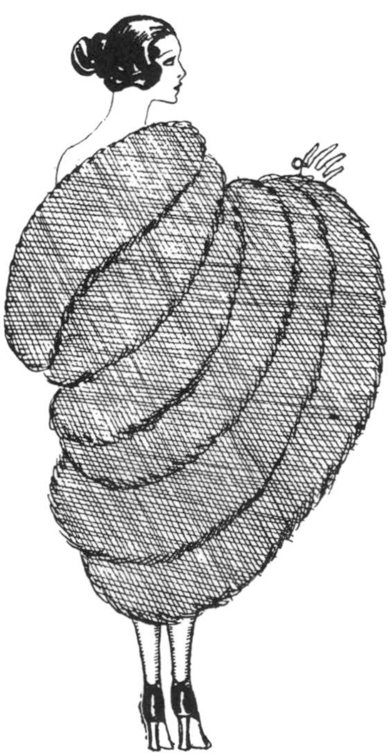

102

103

104

105

106

107

108

109

110

111

112

113

114

115

116

117

118

119

120

121

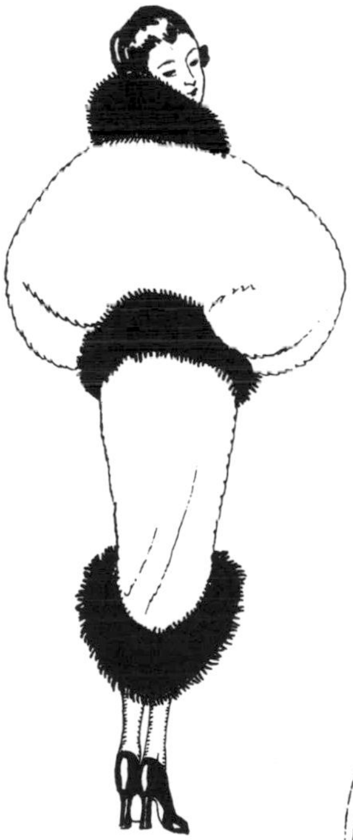
122

123

124

125

127

126

128

130

129

131

1922

132

133

134

135

136

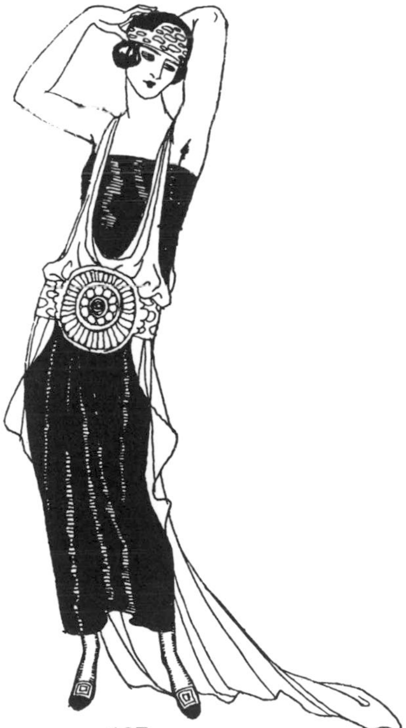
137

138

139

140

141

142

143

144

145

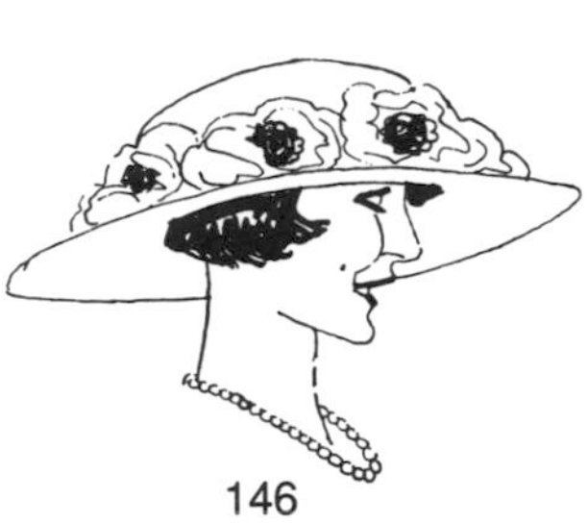

146

147

148

149

150

151

152

153

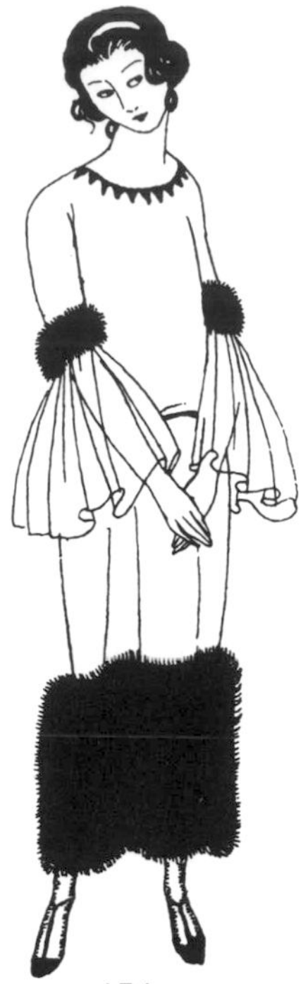

154

155

156

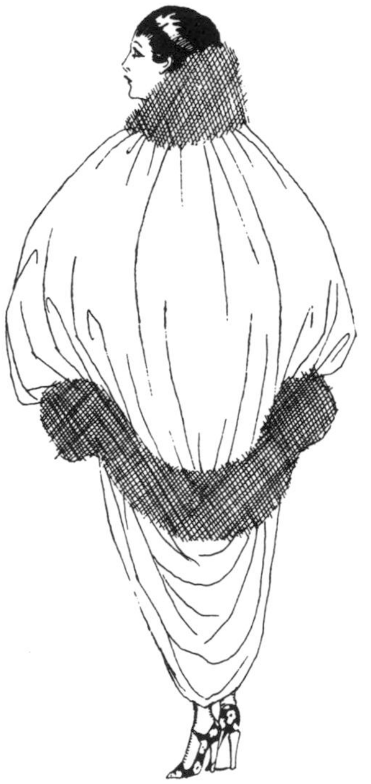

157

158

1923

159

160

161

162

163

164

165

166

167

168

169

170

171

172

174

173

175

176

177

178

179

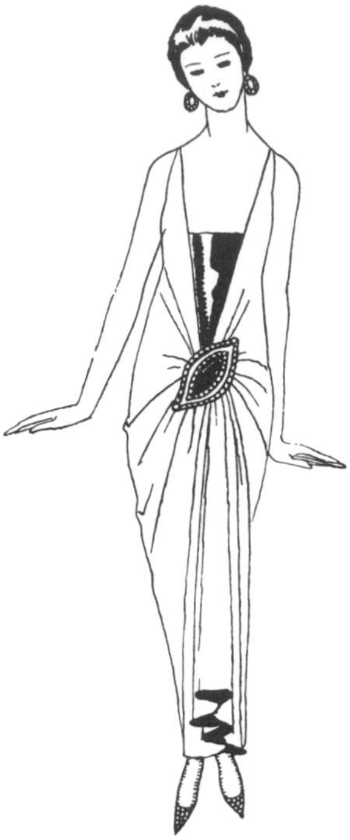

180

181

182

183

184

1924

185

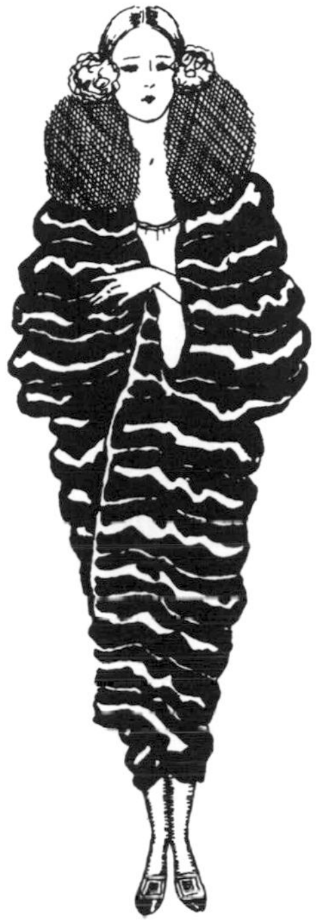

186

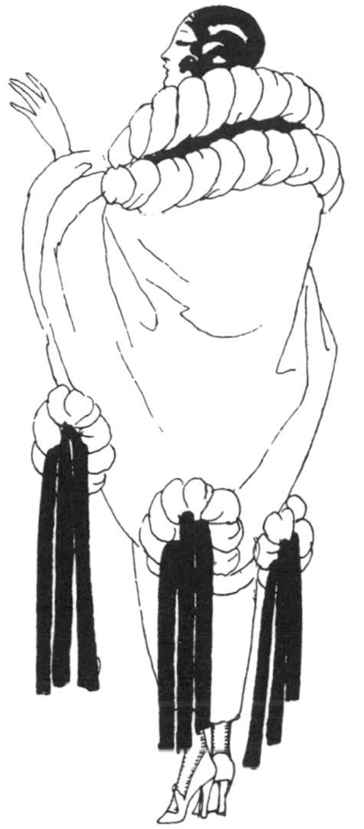

187

188

189

190

191

192

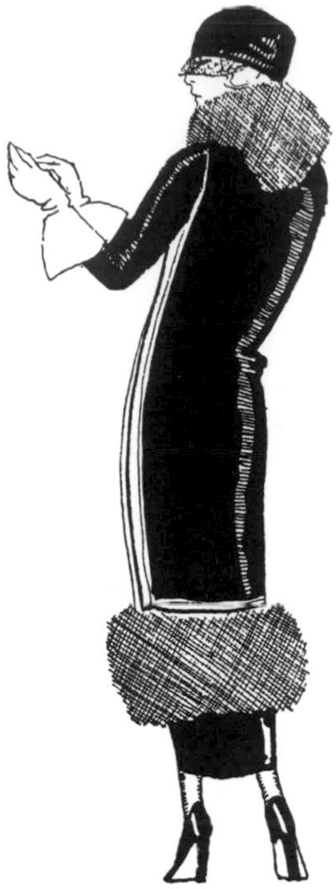

193

194

195

196

197

198

199

200

201

202

203

204

205

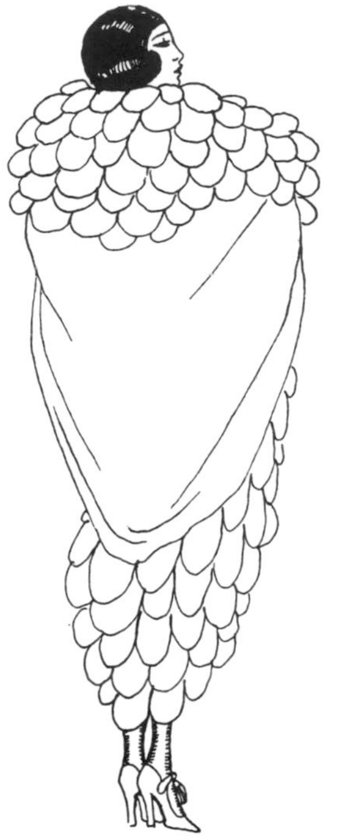
206

207

208

209

210

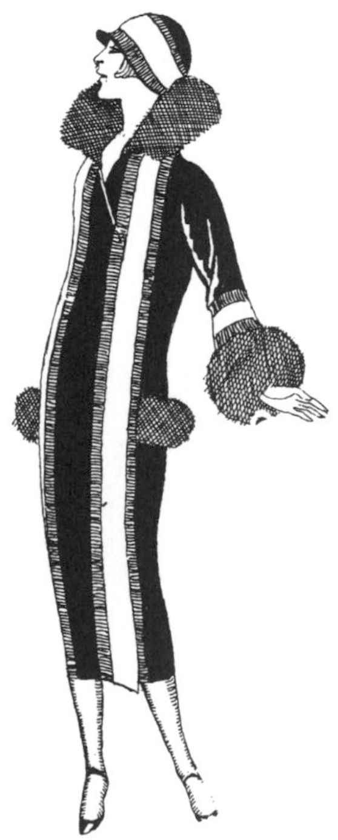
211

1925

212

213

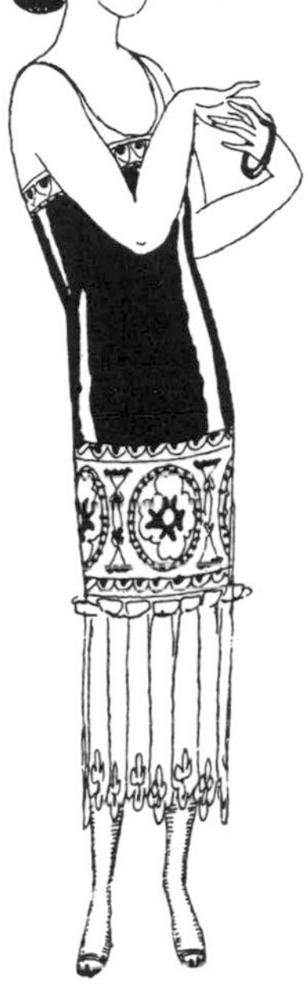

214

215

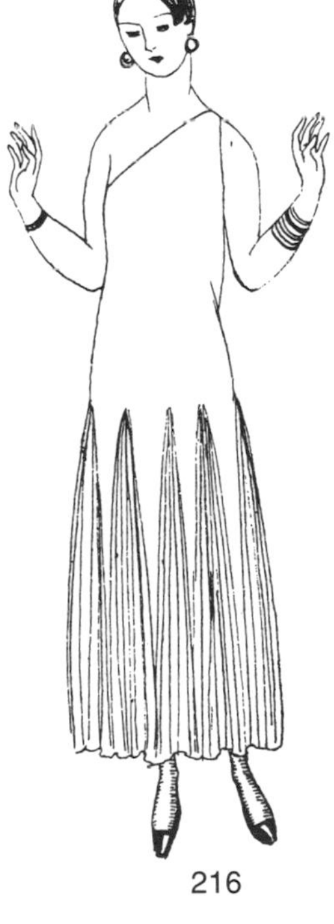

216

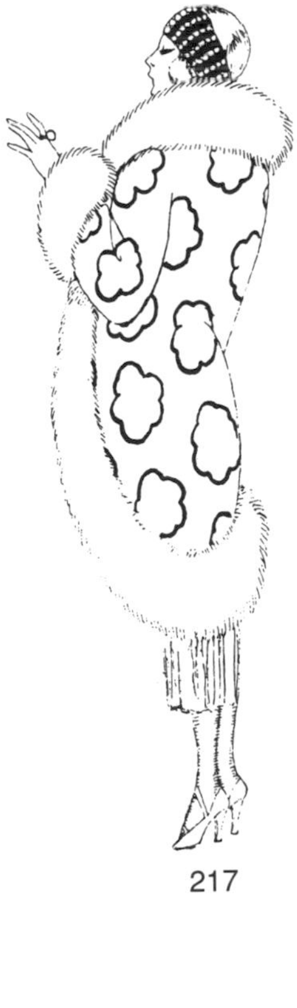

217

218

219

220

221

222

223

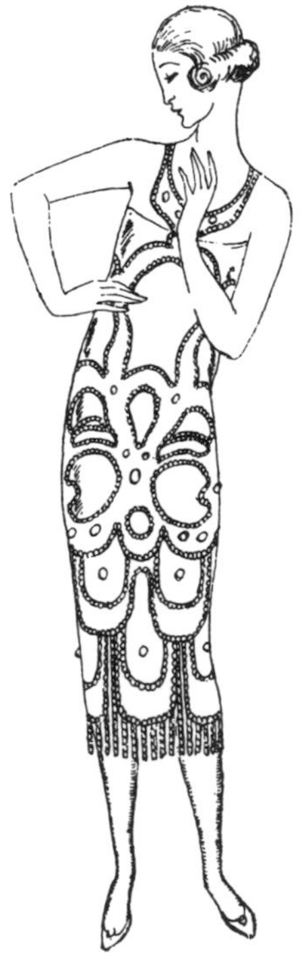

224

225

226

227

228

229

230

231

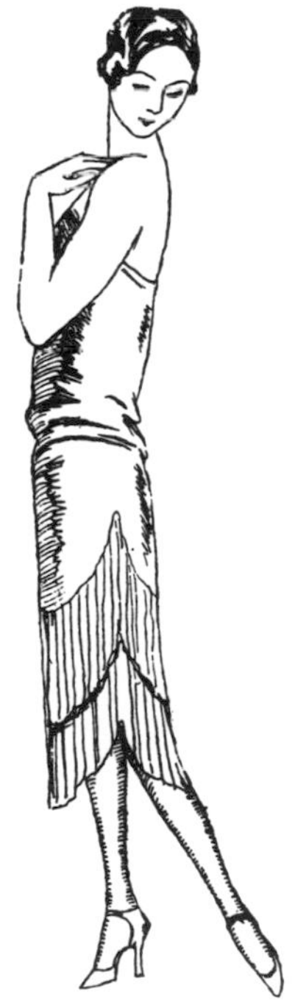

232

233

234

235

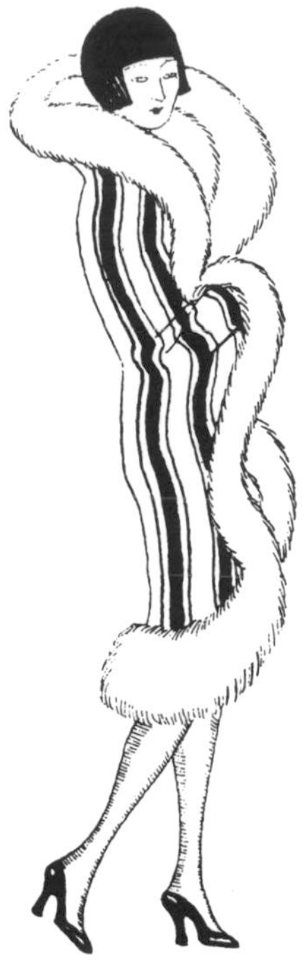

236

237

238

239

240

1926

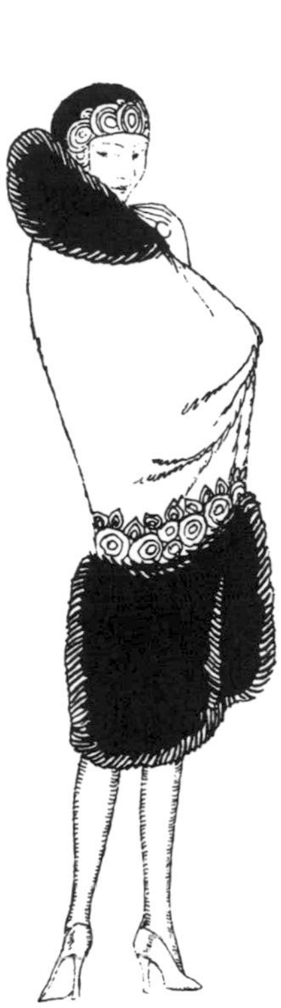

241

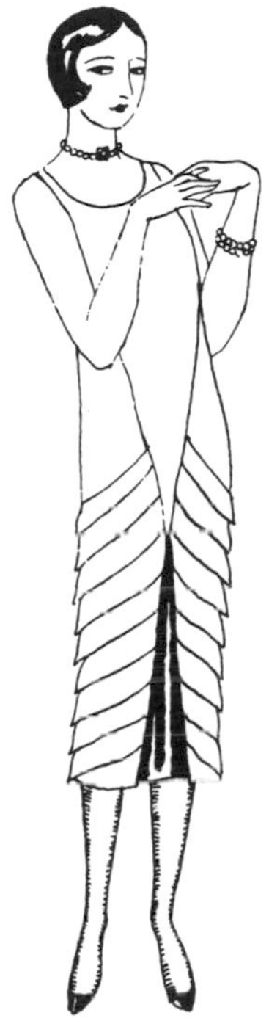

242

243

244

245

246

247

248

249

250

251

252

253

254

255

256

257

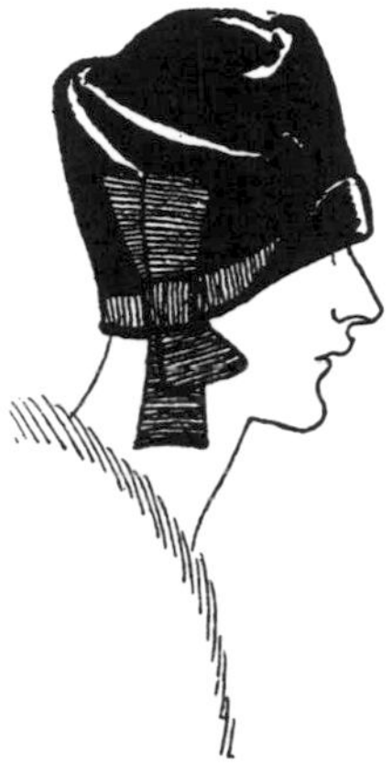
258

259

260

261

262

263

264

265

266

267

268

269

271

270

272

273

274

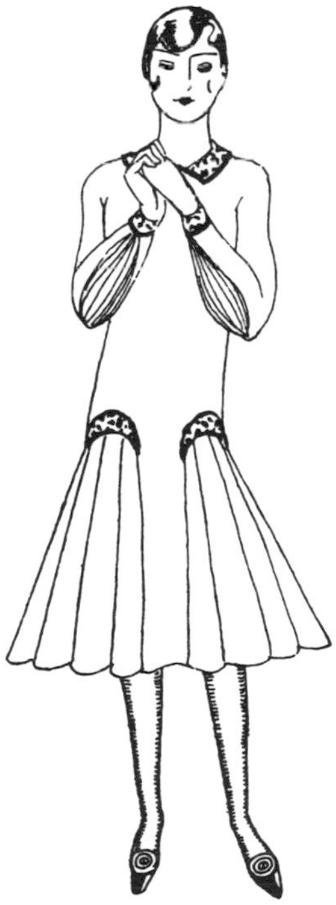

275

1927

276

277

278

280

279

281

282

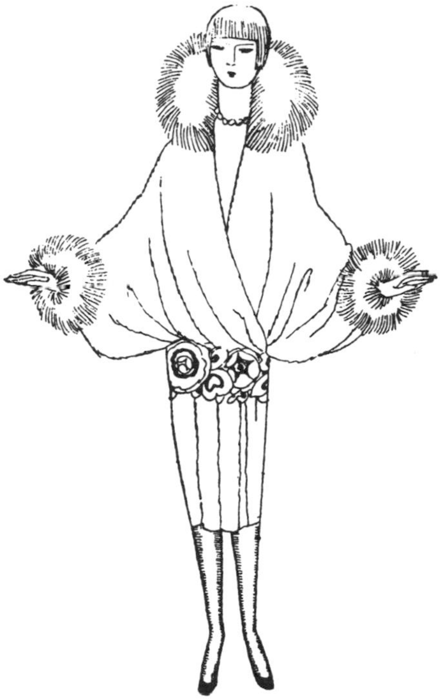

283

284

285

286

287

288

289

290

291

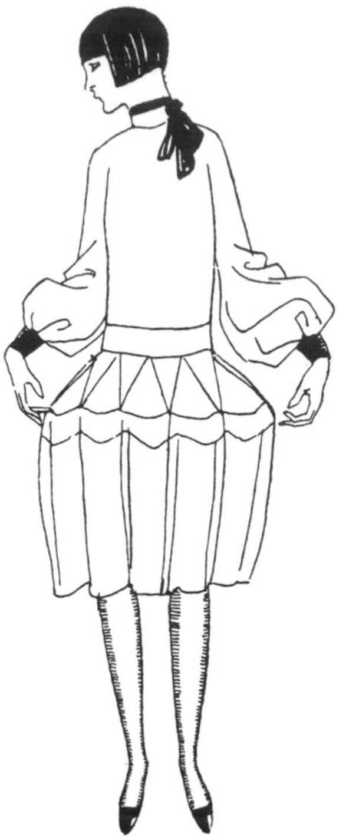

292

293

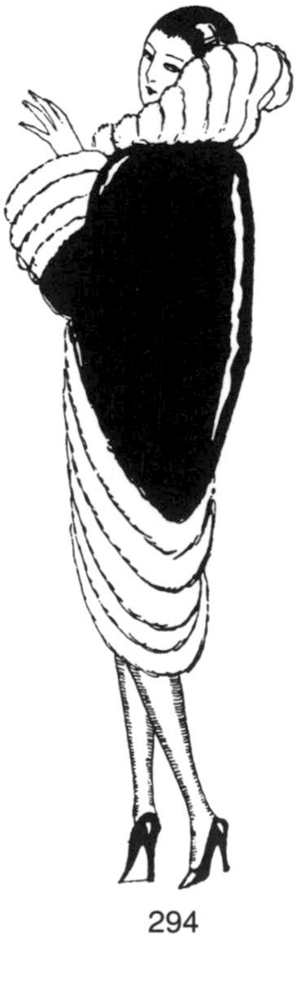

294

295

296

297

298

299

300

301

302

303

304

305

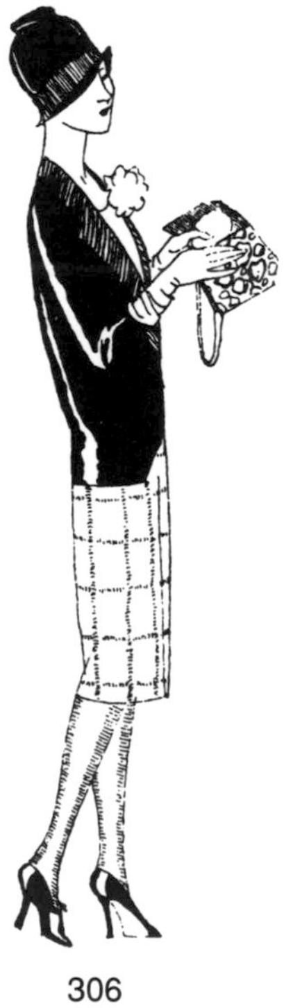

306

307

308

1928

309

310

311

312

313

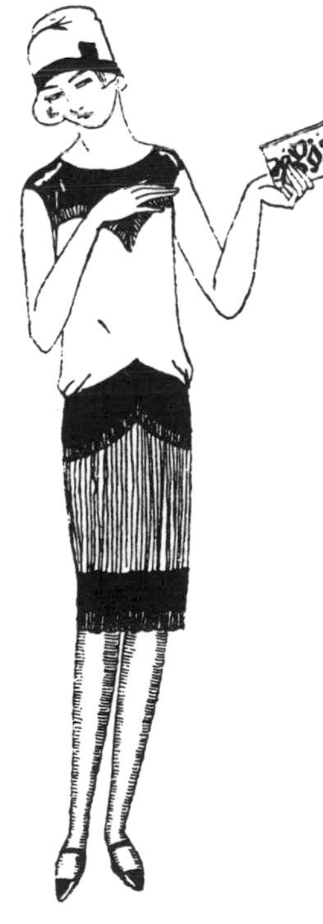

314

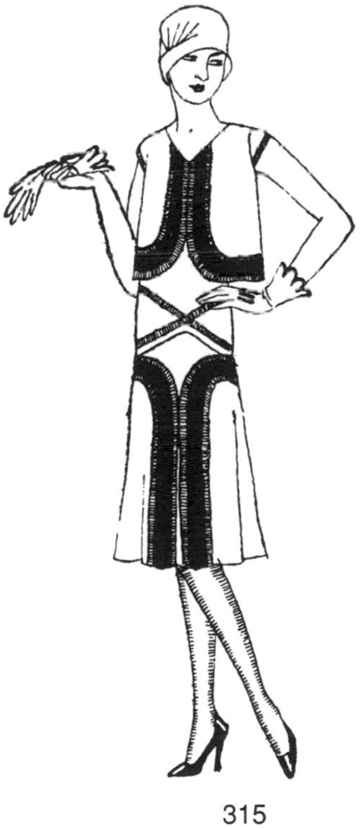

315

316

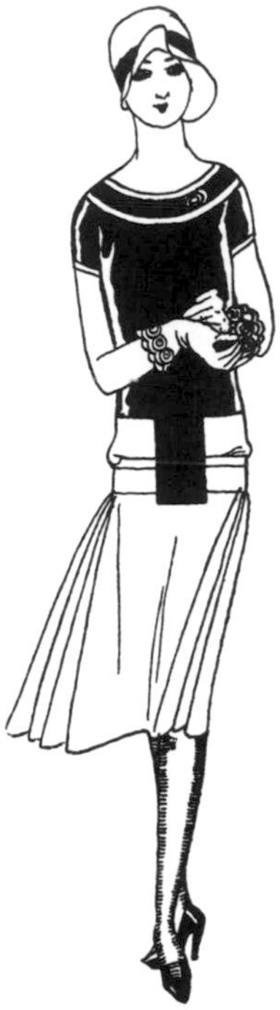

317

318

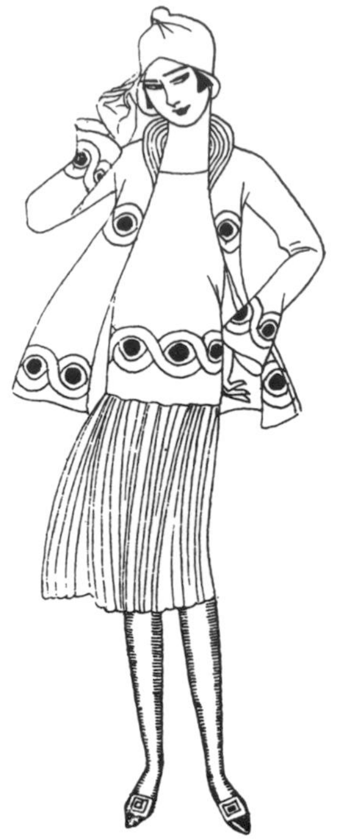

319

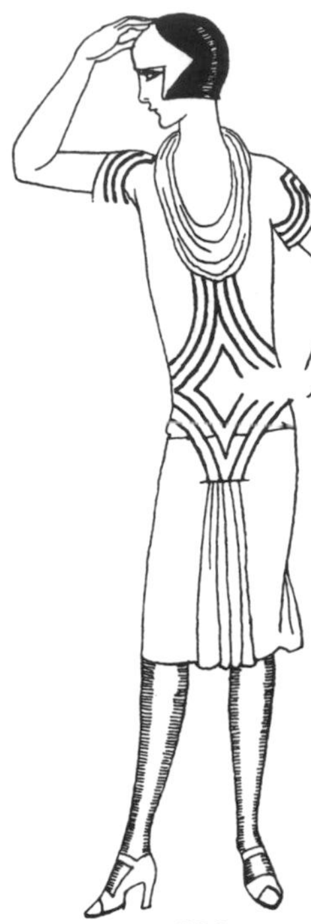

320

321

322

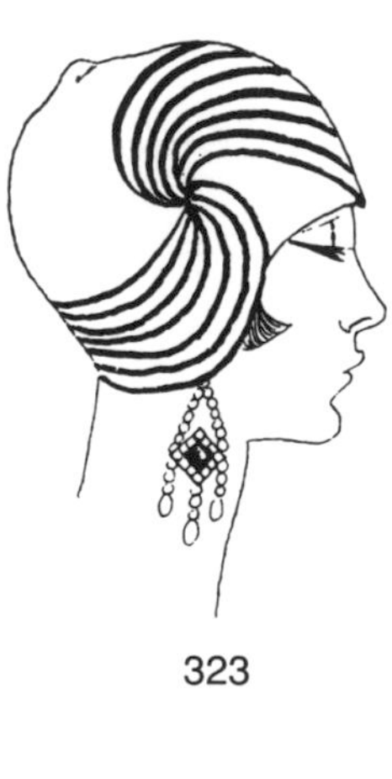

323

324

325

326

327

328

329

330

331

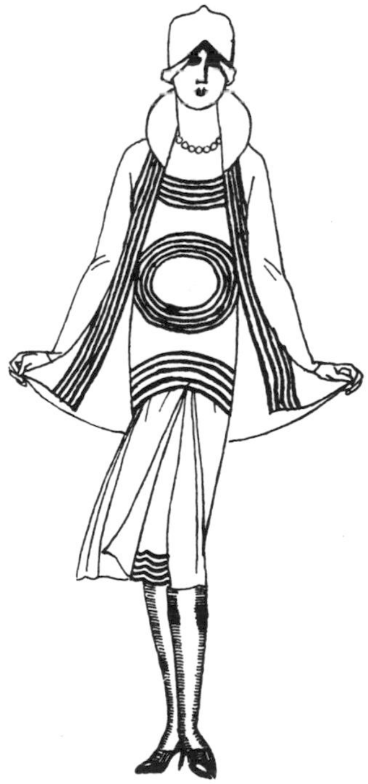
332

333

334

335

336

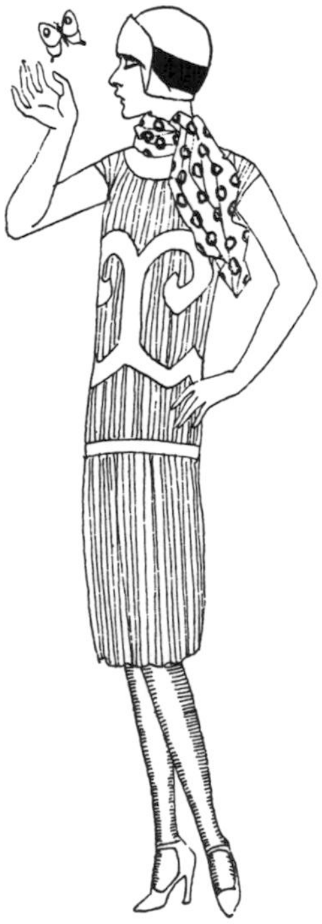

337

338

339